C000182947

Su-Marie v. Kensey

Mein BLICK aufs LEBEN

Ihr seid alle ein Gedicht

novum ✒ pro

Dieses Buch ist auch als
e-book
erhältlich.

www.novumverlag.com

© 2016 novum Verlag

ISBN 978-3-95840-276-8
Lektorat: Dr. phil. Ursula Schneider
Umschlagfoto: Su-Marie v. Kensey
Umschlaggestaltung, Layout & Satz:
novum Verlag
Innenabbildungen:
Su-Marie v. Kensey (2)

Die von der Autorin zur Verfügung
gestellten Abbildungen wurden in der
bestmöglichen Qualität gedruckt.

Gedruckt in der Europäischen Union
auf umweltfreundlichem, chlor- und
säurefrei gebleichtem Papier.

www.novumverlag.com

Bibliografische Information
der Deutschen Nationalbibliothek:

Die Deutsche Nationalbibliothek
verzeichnet diese Publikation in
der Deutschen Nationalbibliografie.
Detaillierte bibliografische Daten
sind im Internet über
http://www.d-nb.de abrufbar.

Ich möchte mit diesen Zeilen
die Menschen unterhalten,
ein Lächeln in ihr Gesicht zaubern und,
wenn es traurig wird,
zum Nachdenken bringen.

Inhaltsverzeichnis

Mein Blick aufs Leben

Wie entsteht diese individuelle Sicht auf das Leben?

Durch Ereignisse, die man beeinflussen kann oder auch nicht, schicksalhafte Begegnungen mit Menschen, die einen prägen, die einen evtl. ein Leben lang begleiten oder auch nur eine kurze Zeit dadurch, dass man manchmal zur richtigen Zeit am richtigen Ort ist. Hin und wieder entscheiden Sekunden darüber, ein Leben komplett in andere Bahnen zu lenken.

Ich habe Gedichte geschrieben für alle diejenigen, die sich zwischen diesen Zeilen evtl. wiederfinden, die sagen, die Geschichte von Annabelle, das könnte ich sein, oder die Geschichte von Henry, das ist die Geschichte eines meiner besten Freunde.

Ich habe geschrieben für alle Latte-macchiato-Mütter, für alle, die manchmal wegen Kleinigkeiten verzweifeln, für alle Abgehobenen, die stets das Außergewöhnliche, den Kick suchen: ein Gedicht über den Hype der Smartphones, über meine Heimatstadt Frankfurt am Main, über Unfälle, Selbstmord, einen Mord, der bis heute nicht aufgeklärt ist, versuchten Selbstmord, Flucht.

Ich habe geschrieben für bzw. über viele meine Weggefährten, die mich bisher ein Stück des Lebens begleitet haben und die es wert waren, über sie zu philosophieren. Manche von ihnen begleiten mich schon seit Jahrzehnten, einige waren auf der Reise des Lebens leider nur für eine kurze Zeit dabei. Die Namen aller Personen, die hier vorkommen, sind erfunden, um deren Anonymität zu wahren, weil es sie alle gibt

bzw. gegeben hat. Alles in allem – ihr seid oder wart
ein Gedicht!

Verehrte Leser
Ich nehme Sie mit auf eine Reise
Auf meine ganz besondere Art und Weise
Meine Gedichte, die erzähl'n Geschichten,
die sind wahr
Manche sind ganz wunderbar
Einige sind traurig … einige ein bisschen schaurig
Vielleicht wird jemand denken
Während Sie mir Ihre Aufmerksamkeit schenken
Das bin ja ich … meint sie etwa mich?

Eine neue Liebe verleiht Dir Flügel

Es tritt jemand in Dein Leben …
hält die Zügel, kann Dir so viel geben
Du bist plötzlich wieder voller Elan …
kannst sein auch wieder spontan
Du wächst über dich hinaus –
hattest Du gedacht, das Leben sei aus?
Eine neue Liebe kann wie eine Droge sein …
man ist nicht mehr allein
Eine neue Liebe ist … ein Fels in der Brandung …
man ist wieder Teil einer Handlung
Wird man geliebt, ist man schöner denn je …
denn es läuft wieder … per se
Du bist wieder mitten im Geschehen,
kannst Dinge wieder mit anderen Augen sehen
Kannst plötzlich übers Wasser geh'n
Malst Dir Dein Leben in bunten Farben an …
schuld ist … der neue Mann
Wer all das hat noch nie erlebt,
die Erde hat für ihn noch nie gebebt
Der tut mir leid … dann wird es Zeit!

Warte nie zu lange

So mancher verbringt seine Zeit mit Warten,
anstatt durchzustarten
Man wartet auf die Gunst der Stunde …
allein oder in trauter Runde
So mancher wartet vergebens …
auf den Mann des Lebens
Manchmal glaubt man, man hätte ihn gefunden
Später leckt man seine Wunden
Manchmal läuft man an einem vorbei
und du merkst es nicht
Weil er zunächst erscheint in einem anderen Licht
Irgendwann ist es dann zu spät
Weil er bereits auf anderen Wegen geht

Die nächsten beiden Gedichte handeln von dem un-
erschütterlichen Glauben an die Liebe. Eine verheiratete
Freundin hat mir die Geschichte vor zwei Jahren erzählt.
Sie traf eines Tages zufällig einen jungen Mann, 15 Jahre
jünger, der eigentlich im Ausland lebt. Ihre Liebe ist gegen
alle Vernunft, jedoch so intensiv, dass er einmal die Woche
nach Deutschland fliegt, um sie zu treffen. Sie genießen
jeden Augenblick, aber wie es weitergeht, wissen sie nicht.
Ich habe es aufgeschrieben, im Namen ihres Freundes
und in ihrem Namen.

Ein Gedicht für Annabelle

Du hast mich verzaubert, Geliebte, Du bist so fern
Und mir doch so nah, du bist einfach wunderbar
Als ich dich geseh'n, war's um mich gescheh'n
Ich trage Dich in meinem Herzen …
in Liebe, aber auch mit Schmerzen
Du bist immer bei mir … ich gehöre Dir
Was soll aus uns werden …
wo auch immer auf dieser Erden?
Das Schicksal hat uns zusammengeführt …
ich bin zutiefst berührt
Wohin der Wind Dich weht …
für ein neues Leben ist es nie zu spät
Beim Abschied küsst du meine Tränen fort,
dann muss ich geh'n an einen anderen Ort
Bin trunken vor Glück …
für uns gibt's keinen Weg zurück

Antwort der Geliebten

Ich trage ein Geheimnis in mir
und das … gehört nur mir und Dir
Du hast mich fasziniert von Anfang an …
was bist Du für ein toller Mann!
Für dich würde ich geh'n bis ans Ende der Welt
Mit Dir verweilen, wo es Dir gefällt …
Du bist mein Held
So lebe ich oft meinen Traum am Tag …
frage mich, was noch kommen mag
Es gibt keine Antwort auf Deine Fragen,
mag ich auch keine Prognosen wagen
Unsere Herzen fortan
nur noch gemeinsam schlagen
So lass uns einfach warten …
vielleicht werden wir … irgendwann …
zusammen durchstarten
Sind wir verloren oder gibt es einen Weg –
ich mein Schicksal in Deine Hände leg'
Wir haben uns doch gerade erst gefunden,
alle Hürden überwunden
Das Glück, Dich getroffen zu haben,
hüte ich wie einen Schatz, sehr kostbar
Ich wünsche Dir noch ein schönes Leben,
mit mir? …
Das wäre wunderbar.
Du streust mir Rosenblätter auf den Weg zu Dir
Allein der Duft ist so betörend,
wart auf mich, ich bin gleich hier.

Ein Gedicht von meiner Freundin Sophia an ihren Mann

„Der Casanova"

Du nimmst mir zum Atmen die Luft
Du bist ein Schuft
Weißt du, was du bist? Voll der Egoist
Wir leben nur noch im Zwist
Die Ehe ist nur noch ein Schein
Wie lange geht das noch gut, soll das so sein?
Du lebst wie einst Casanova
Schaust nach Jeanette, Lulu und Annamaria
Unser Feuer ist erloschen vor einigen Jahren
Ich weiß noch, wie glücklich wir einst waren
Für dich bin ich geworden unsichtbar
Du nimmst mich nicht mehr wahr
Warum? Weil wir alt geworden sind
Das ist nun mal der Lauf der Zeit,
das weiß doch jedes Kind
Wir haben uns verloren auf einem Weg, wohin?
Hat das Ganze noch einen Sinn?
In großer Trauer ist mein Herz
Kann kaum aushalten diesen Schmerz
Ich spüre, *dieses* Leben ist bald zu Ende
Gibt es eine Wende?
Im Herzen bin ich jung geblieben
Könnte durchaus noch jemanden lieben
Er muss ja nicht gerade 30 sein, 50 wäre fein

Warum ist aus unserer Liebe Hass geworden?
Man hat nur noch Sorgen
Was bringt die nächste Zeit?
Ich bin, wie ich bin
Alles andere macht keinen Sinn, oder doch?
Ich lasse mich nicht verbiegen
Vielleicht werde ich doch noch mal
einen anderen abkriegen
Eine noch nie gekannte Sehnsucht
bringt mich schier um
Lässt mich leiden, warum?
Muss seh'n, was noch geht
Es ist noch nicht zu spät
Ich muss los … lass mich los
Lass mich … lass
Bald ist alles auf den Weg gebracht …
quasi über Nacht

Das nächste Gedicht handelt von einem sehr jungen
Mann, der ein sehr kurzes, intensives Leben lebte.

Ich habe ihn mit 14 Jahren im Waldstadion auf der
Eisbahn kennengelernt.

„Der Womanizer"

Du warst so schön und selbstbewusst
Das hast Du wohl gewusst
Die Mädels damals wollten alle nur dich
Du jedoch wolltest nur mich
Das hat nicht geklappt
Du hattest die anderen Mädchen satt
Es war zu leicht, sie zu bekommen
Du hast sie Dir genommen
Dein Name war Arndt
Man hatte vor dir gewarnt
Du hast Dich gegeben von außen hart
Innen warst du jedoch sensibel und zart
Ich war 15 und Du 17
„Willst du mit mir gehen?" –
hattest Du mich gefragt,
ich hatte Nein gesagt
Das wolltest du nicht gelten lassen
So fingst Du an, mich zu hassen
Eigentlich war es ein Spiel … welches uns gefiel
Ich nahm es nicht so ernst wie Du
„Lass mich in Ruh", rief ich Dir zu

Zur Schule wolltest Du nicht gehen,
keinerlei Examen bestehen
Dir war alles egal auf einmal
Du hast mit 18
keinen Sinn mehr gesehen in Deinem Leben
Es hat dir nichts mehr gegeben
Du hast die Kurve nicht mehr bekommen
40 Jahre ist's nun her
Es kommt mir vor, als wenn's gestern gewesen wär'
Warum hast Du das getan?
Warst Du in einem Rausch, in einem Wahn?
Die Antwort hast Du mit ins Grab genommen

In den 80er-Jahren traf ich einen faszinierenden, sehr berühmten Mann, der 30 Jahre älter war als ich.
Die Begegnung war leider nur von kurzer Dauer.

„Die Legende"

Du warst ein Mythos zu Lebzeiten
Ein Stück des Weges durfte ich dich begleiten
Mit Dir an einem Tisch zu sitzen
Hatte ich eines Tages die Ehr' und noch viel mehr …
Du warst ein sehr mächtiger Mann
Du hast mich gezogen in Deinen Bann
Jugend und Geist zogen einander an
Du warst so edel und elegant
Einfach interessant
Ich war zur richtigen Zeit am richtigen Ort
Leider bist Du schon lange, lange fort
Ich war Dir verfallen und Du mir
Mit allen Sinnen, glaube mir
Und niemand hat von uns gewusst
Nicht geahnt, was sich da anbahnt
Die allzu kurze Freundschaft ein jähes Ende fand
Du musstest sterben durch Mörderhand
Du warst zu intelligent für diese Welt
Das hat vielen nicht gefallen
Du hattest Macht, du hattest Geld
Viele Menschen denken heute noch an dich … auch ich

Eine Hymne an einen guten Buddy, den ich kennen-
lernen durfte, als ich 16 war.

Man nannte ihn „The Rock"

Du fuhrst Motoguzzi,
deine langen blonden Haare wehten im Wind
Du warst ein gut gelungenes, wunderschönes Kind
Die Teenies verehrten dich wie einen Rockstar
Du warst ein cooler Typ, einfach wunderbar
Die Mädels standen Schlange, mir war nicht bange
Ich hatte gute Karten, durfte mit dir durchstarten
Du konntest dich jedoch nie entscheiden
Du ließest uns alle sehr, sehr leiden
Du hattest nie nur eine
Jedes Mal sagtest du, die oder keine
Du hast allen den Kopf verdreht
Musstest immer schauen, was geht
Eine wurde sogar schwanger, sie hieß Moni
Das Kind nannte sie Tony
Eines Tages fiel es mir wie Schuppen von den Augen
Ich konnte es kaum glauben
Der Womanizer war gezähmt
Ich war wie gelähmt
Hat geheiratet über Nacht
Uns alle um den Schlaf gebracht
Mein Leben schien mir damals sinnlos
Sagte mir: „Was mache ich jetzt bloß?"

Ich wollte es beenden, der Schmerz war grenzenlos
Ich habe es nicht gemacht, dem Himmel sei Dank
Andere Mütter haben auch schöne Söhne,
z. B. den Frank

„Schönes Leben noch"

Was ist eigentlich schön ?… Die Jugend?
Das ist ein Privileg, ein Zustand, keine Tugend
Ich träume mir mein Leben schön
Und schließ dabei die Augen
Es tut gut … es macht Mut …
kann's kaum glauben
Es gibt mir Kraft –
Nun bin ich ganz geschafft vom Träumen
Darf nicht versäumen
Ins alte Leben wieder einzutauchen
Vielleicht gibt's Leute, die mich brauchen!

Mein Held der wilden Jahre

In einem Nachtklub hatte ich dich eines Tages entdeckt
Du hattest dich hinter einem Glas versteckt
Du warst zum Niederknien, ich hatte dich im Visier
Du schautest unauffällig zur Seite mit Deinem Glas Bier
Du warst berühmt und sehr begehrt
Ich sprach Dich an, damals habe ich dich sehr verehrt
Ich stotterte: „Sie schauen aus wie der Fußballer,
den man sieht im TV"
Er sagte: „Ich bin es, ganz genau"
So kam's zur Kommunikation,
wir konnten den Abend genießen
Ihn angenehm beschließen,
er gehörte uns ganz allein
Kann es im 7. Himmel schöner sein?
Keine Paparazzi weit und breit, wir hatten viel, viel Zeit
Die ganze Nacht lag uns zu Füßen
Den nächsten Morgen
konnten wir zusammen begrüßen

Ich will das Leben spüren

Ich will verführen
Ich will noch nicht gehen
Oder ist es bald um mich geschehen?
Mal seh'n
Das Leben ist fragil wie ein Kartenhaus
Ein kurzer Augenblick
Nicht aufgepasst
Und alles ist aus

Das nächste Gedicht ist meiner Freundin Tina gewidmet,
die sich unermüdlich um ihre Familie kümmert, sich selbst
dabei manchmal vergisst. Sie steht stellvertretend für die
Lifestyle-Latte-macchiato-Mütter dieser Welt.

Mitten im Leben

Ich sollte heute mal in mir ruh'n
oder doch tausend andere Dinge tun?
Mich dazu überwinden, zu mir selbst zu finden
Und habe ich mich dann gefunden,
was fange ich dann mit dieser Weisheit an?
Ich werde meinen Yogalehrer fragen,
der wird es mir sagen
Na ja, der Alltag lässt es nicht zu, finde keine Ruh'
Die Termine der Kinder sind zu sichten
Der Koffer des Gatten ist zu richten
heute fliegt er nach Singapur
was macht er da nur?
Geschäfte, Business, er trifft Kunden dort …
immer, immer ist er fort
Er macht es auch für uns …
für unser sorgenfreies Leben
Es ist ein Geben und ein Nehmen
Lena braucht Designer-Klamotten
Soll nicht aussehen, als käme sie von den Hottentotten
Basti geht zum Basketball, Spitzname Dirk,
er ist der Beste im ganzen Bezirk

Sarah lernt Klavier, sie ist ein Genie in ihrem Fach,
schöne Grüße an Bach
Alle sollen das Abi hinkriegen
auf Brechen und Biegen!
Einstein … könnte neidisch sein!
Mein Name ist Tina, bin in Ehrenämtern tätig,
stets und ständig
Bin ich präsent, wenn es irgendwo brennt
Dann gehe ich zum Reiten und zum Golf …
später laufe ich mir noch 'nen Wolf
Man muss ja bleiben schlank …
noch klappt es Gott sei Dank
Ich organisiere Charitys und Basare
für die Bedürftigen der Stadt
Damit auch alle werden satt
Heute Abend treffen wir uns alle wieder zu Haus'
Plus Gäste werden wir sein 10 an der Zahl
Es wird Sushi geben, denn wir sind ja global

Dieses Gedicht ist einem Schulfreund gewidmet, von dem wir mittlerweile nicht mehr wissen, wo er ist.

Lieber Henry

Was ist nur aus Dir geworden?
Wir machen uns Sorgen
Seit einem Jahr wissen wir … es steht schlecht mit Dir
Beim letzten Treffen wurde es uns klar
Bei dir ist nichts mehr, wie es mal war
Der Grat, auf dem du wanderst, ist sehr schmal
aus den Fugen geraten ist Dein Leben
Du läufst nun auf anderen Wegen
Es ist nicht mehr normal
Du säufst alle Sorgen unter den Tisch
Sag mal, bist Du noch ganz frisch?
Glaubst Du, sie seien dann weg mit einem Wisch?
Am nächsten Morgen sind sie wieder da
Noch schlimmer, als es vorher war
Aus der Nummer kommst Du alleine nicht mehr raus
Wir würden gerne helfen
Du lässt uns jedoch nicht ins Haus
Wir geben Dir die Hand, können Dich nicht erreichen
Du machst nichts and'res, als uns auszuweichen
Wie soll es mit Dir weitergeh'n?
Was soll noch geschehen?
Findest Du den Weg zurück
in ein Leben mit ein bisschen Glück?

Momentan es Dich verlassen hat
Hattest du das Leben satt?
Wir sind fünf Leute, nennen uns den Krisenstab
Wir steh'n für Dich parat, was auch kommen mag

Dieses Gedicht ist der Manipulation durch die Medien
gewidmet.

Das Smartphone

Früher wurden die Menschen
durch Seuchen dahingerafft
Heute dies das Smartphone schafft
Menschen versuchen, im Auto zu telefonieren
Dabei jedoch ihr Leben verlieren
Man glaubt, multitaskingfähig zu sein
Die Antwort ist jedoch eindeutig: nein!
Ab 4 Jahren bekommt man so ein
„Bin überall erreichbar"-Gerät verpasst
Später hat man dann schon 2 oder 3
Problem nur, wohin mit dem Funkmast?
Im Kindergarten man schon googeln und simsen kann
Den Clown für die Party per App herbeizitieren,
Mann oh Mann
Was hat man früher alles nur ohne gemacht?
Man hat seine Ruhe gehabt,
mit den anderen Kindern gelacht
Gespielt, getanzt, war ohne Sorgen,
komm ich heut nicht, komm ich morgen
Heut hat man Stress,
sucht die Ladung fürs Smartphone
Man kann nicht mehr leben ohne – oder doch schon?

Meine Ex-Kollegin Joana hat mich auf die Idee gebracht, dieses Gedicht niederzuschreiben, als sie eines Tages vom Urlaub zurückkam und mir erzählte, sie sei Bergsteigen gewesen in Nepal, geflogen mit Yeti-Airlines. Ob sie wohl auch die deutschen Alpen kennt? Gleichzeitig wollte ich hiermit auch ein wenig den Hype und Kult um das Essen, der heutzutage manchmal übertrieben wird, auf die Schippe nehmen.

Ist ja alles dekadent – der ganz normale Wahnsinn?

Das Wesen Mensch ist oft erfüllt von Gier
Benimmt sich dabei manchmal wie ein Tier
Um alles zu erhaschen, an allem zu naschen
Wie die Bienen am Nektar
Alles muss perfekt sein und wunderbar
Leben soll gefälligst sein ein Genuss
Alles andere bringt doch nur Verdruss
Beim Essen geh'n muss das Lokal haben einen Stern
Wenn nicht, bleibt man besser fern
Das Steak vom Rind muss sein von Charolais
Sonst ist es net schee!
Was and'res kommt nicht auf den Tisch
Na ja, vielleicht auch mal ein Fisch
Von dem will man erst mal alles wissen
Ist er denn auch frisch?
Wo ist er geschwommen?

Sonst wird er nicht genommen
Auch die Ahnentafel ist wichtig
Ist er vielleicht adlig, dann ist er richtig
Oder eine Currywurst
muss bestäubt sein mit Blattgold
Geseh'n am Timmendorfer Strand
Dort der Rubel rollt
Gehst Du zu Starbucks, musst du studieren
Sonst tust du dich blamieren
Wenn du nicht weißt, was du bestellst,
wer weiß, was du dann erhältst
Am besten bestellst du vorher über App
Damit du im Laden nicht gibst den Depp
Auch eine Finca muss heut jeder haben
Dort lädt man dann ein zum Baden
Kann sich an Tapas laben
Eine Finca mit Seeblick wäre schick
Dann gibt's noch Kaffee und Kuchen
Abends fliegt man wieder zurück
Geht man auf große Reisen dann
Sind nur exotische Geschichten dran
Heute geht's mal kurz auf den K2
Der Sherpa ist natürlich auch dabei
Mit dem Heli wird vorausgeschickt die Oma
Und liegt sie dann noch nicht im Koma
Muss auf dem Gipfel sie das Picknick vorbereiten
Mann oh Mann, sind das Zeiten!
Dann ein Selfie mit dem Yeti
Das wäre ein Traum für Krethi und Plethi
Immer weiter, schneller, höher,
wo sind die Grenzen gesetzt?

Leute, Leute,
warum wird eigentlich nur noch herumgehetzt?
Man will immer ein Tick besser sein als ein anderer
Und ist nie wirklich zufrieden
So wird einem niemals
ein glückliches Leben beschieden
Wir müssten alle arbeiten daran
So fangt doch morgen damit an!

Dieses Gedicht habe ich Anfang Januar geschrieben an einem Tag, als mir auf einmal alles auf den Wecker ging. Am Ende des Tages war jedoch alles wieder gut.

Kleine Sorgen, große Sorgen

Bin mal wieder genervt vom Alltag
Was heut' wohl wieder alles passieren mag?
Heute Morgen um 7 mussten wir raus, es war alles glatt
Wir haben das eigentlich so satt
Haben in der Kälte gebibbert, sind geschlittert
Muss eigentlich zu Dr. P., mir tut alles weh
Dr. P. ist jedoch in Urlaub auf Mallorca
Die Vertretung ist auch nicht da
Weil krank – den mag ich eh nicht, Gott sei Dank
Es wird schon wieder werden auch ohne Dr. P.
3 Tage später tut eh nix mehr weh
Müsste jetzt mal einkaufen, es schneit,
der Räumdienst weit und breit
Nirgends zu seh'n – ich könnt' ja mal zu Fuß gehen
Endlich im Laden angekommen,
haben die anderen Kunden das genommen
Was ich eigentlich gerne gekauft hätte, nur das Beste
Heute bleiben mir nur die Reste
An der Tanke ist 'ne Schlange,
Benzin billig wie schon nicht mehr lange
Ist das jetzt ein Grund, mehr zu fahren?
Was tun die Leute denn dann eigentlich sparen?

In den kleinen Geschäften hängen überall Schilder
Wir kommen wieder Mitte Januar!
Na dann alles Gute zum neuen Jahr!
Hab' mich den ganzen Tag geärgert
über irgendeinen Pillepalle
Bin vom Ärgern ganz fix und alle
Plötzlich sehe ich eine Mutter mit ihrer Kleinen …
ich könnte weinen
Das Mädchen sitzt im Rollstuhl, ich schau sie an
Sie schaut fragend zurück und dann
Laufe ich langsam weiter und mir wird plötzlich klar
Gott sei Dank … das Leben ist doch wunderbar!

Dieses Gedicht ist für meinen Neffen Kilian und seine Frau Sybille, die jahrelang jedes Wochenende 1.600 km mit dem Auto gefahren sind, um sich sehen zu können. Ich habe es genannt:

„Wandering Stars"

Ihr reist gerne durch fremdes Land
Weil es dem Kilian ist so interessant
Egal ob San Diego oder Niagara
Hauptsach', ihr wart schon mal da
Ihr seht euch nur selten
Wanderer zwischen zwei Welten
Gäste habt ihr gern
Sonntagabend dann am liebsten aus der Fern
Sie gehen bei euch rein und raus
Auch euer Hund der hält es aus
Ihr geht sehr gerne essen
In Frankreich oder in Hessen
Es kann überall sein
Hauptsache, es ist fein
Kilian, der Rotwein ist Dein Lebenselixier
Schmeckt Dir besser als das Bier
Es darf nur der Beste sein
Alsbald ist er Dein
Bille, der Stall ist Deine Welt
Weil es Dir so gefällt

Was wäre die Welt ohne Pferde?
Es wäre nicht schön auf dieser Erde
Ihr tragt Euren Picknickkorb
Für nette Gäste an jeden Ort
Ihr kennt die schönsten Flecken
Man muss nur den Tisch noch decken
Dann wird gut gess'
Die tollsten Leckereien, oh Jess!
Kilian, der Experte in der Chemie
Bei ihm knallt es nie
Wenn er macht Experimente
So kann's geh'n bis zur Rente
Spezialist der Atomkraft
Weiß, woher kommt der Saft
Zum Relaxen braucht er Jazzklänge
Das hat was, das sind Gesänge
s' Bille zaubert im Architekturbüro
Da ist sie nicht immer froh
Euch beiden alles Glück der Erde
S' Bille weiß, wo's liegt
Auf dem Rücken der Pferde

Letztes Jahr habe ich versucht, Spanisch zu lernen.

Für Paloma

Im April haben wir uns das erste Mal getroffen
Seitdem sind wir immer da und hoffen
Dass wir eines Tages
der spanischen Sprache mächtig sind
In Spanien kann das jedes Kind
Ja, Trudi, Winnie, Kira und alle andern, das ist klar
Strengen sich an,
ihr Wissen zu erweitern, wunderbar
Oft ist es aber so, dass sie andere nur erheitern
Wir tun uns alle ein bisschen schwer
Warum kapieren wir es nicht, bitte sehr?
Weil wir zu Hause andere Dinge tun
oder im Garten liegen, uns ausruh'n
Paloma, es ist sehr lustig mit Dir
Darum sind wir hier
Danke für Deine Geduld
Wenn wir nix kapier'n, Du bist nicht schuld
Du gibst nicht auf
Das finden wir gut
Du machst uns immer wieder Mut
Que hora es?, hast du uns mal gefragt
Für uns ist fünf vor 12, haben wir gesagt
Wir werden es noch schaffen, ganz bestimmt
Wenn uns niemand die Power nimmt

Du hast uns eingeladen zum Grillen
Dort wollen wir mit Dir chillen
Möchten auch nicht mehr lange warten
Und sehen Deinen schönen Garten!

Für meine Schwägerin Romy, die vor zwei Jahren 50 wurde. Ich konnte nicht an ihrer Feier teilnehmen. Daran hatte sie schwer zu tragen. So hatte ich etwas für sie aufgeschrieben. Ihre Tochter hat es an dem Abend vorgetragen.

Für Romy

50 Jahre und kein bisschen leise – aber weise
Ja, es ist tatsächlich wahr, die liebe Romy
Wurde am ersten 50 Jahr
Ist das nicht wunderbar?
Sie schafft den ganzen Tag und macht und tut
Hauptsache, der Familie geht es gut
Sie hat gern Gäste, feiert gerne Feste
Fürs Kochen bekommt sie einen Stern
Dafür haben wir sie gern
Die Sauna liebt sie, das ist ihr wichtig
Das ist Wellness pur, ist ja auch richtig
Ihr Mann macht mit ihr immer schöne Fahrten
Darauf muss sie nie lange warten
Egal ob im Daimler oder Opel
Es ist immer nobel
Sehr gerne wäre ich heute bei Dir
Das glaube mir
So bin ich heute im Burgunderland
Weil mein Neffe nur diesen Termin fand

Warte fast 3 Jahre schon
Er ist ein global player
Meines Bruders Sohn
Will ich ihn sehen, muss man in die Ferne reisen
Dort kann ich dann mit ihm speisen
Wir trinken auf dein Wohl
und lassen die Gläser klingen
Auch werden wir ein Lied für Dich singen!

Für meinen Mann Gustav, der mich seit 25 Jahren er-
trägt und manchmal auf Händen trägt.

Du bist es ... immer noch

25 Jahre ist es nun her
Getroffen bei André bitte sehr
Seitdem ist viel ... gebaut worden
Bekommt man dafür einen Orden?
Der Standesbeamte sagte damals
Unterschreiben Sie hier mal schnell
Das fanden wir sehr lustig, gell?
Am liebsten bist Du eigentlich daheim
Die Bahn sagt hierzu aber Nein
So bist Du sehr oft fort
Fährst von Ort zu Ort
Berlin, Troisdorf und Wildenrath
Überall bist du am Start
Kannst schon alle Sprachen, gibst den Icke, wa?
Bist Du in München, kaufst du beim Dallmayr, na?
Wir verreisen gern nach Berchtesgaden,
Füssen und Boltenhagen
Wir hören nicht hin, was die andern sagen
Dem Ingenieur is nix zu schwör
Er packt alles an, es wird gegärtnert,
gepflastert und renoviert
Umgezogen ... ganz ungeniert!

Mann macht alles gerne selbst,
weil Mann alles selbst am besten kann
… na dann!
Dein Auto ist Dein Ein und Alles!
Alle anderen Cheesen sind für Dich
nur Bruch und Dalles
Du isst gerne Pizza, Pasta, Schweinebraten
Aber nur von dem Zarten
Das Bier schmeckt immer noch, auch der Bardolino
Das ist der beste vino
Alles wird gedeichselt und auf den Weech gebracht
Quasi über Nacht
So geht es heiter … immer weiter
Du wartest auf den Vorruhestand …
wie so viele andere im Land
Deine Frau ist bei der Bank … Gott sei Dank
So hat sie dabei immer Geld
Ich glaube wohl, dass dir das gefällt
Jo, so lasst uns heute feiern,
dass sich die Balken biegen
Lasst noch was übrisch für die Erben
Die sollen auch noch was abkriegen

Dieses Gedicht ist für Justus. Wir hatten lange gebraucht, um zueinanderzufinden. Es war alles andere als Liebe auf den ersten Blick. Dann hatte es doch endlich gefunkt. Nach einem Jahr war alles vorbei … in Sekunden.

Und die Welt stand still …

Du fuhrst hinaus in die Nacht
Wir hatten uns einen schönen Abend gemacht
Es war der 7. Mai
Dein Freund Hugo war auch dabei
An diesem Abend hattest Du mir
einen Antrag gemacht
Wir waren glücklich, haben viel gelacht
Ich hatte Ja gesagt
Und hatte es gewagt
Ich wollte mit Dir die Welt erobern, nur mit Dir
Das gemeinsame Leben war greifbar, jetzt und hier
Was wäre, wenn du später gefahren wärst,
nur einen Wimpernschlag
Wer das wohl zu sagen vermag?
Du warst zur falschen Zeit am falschen Ort
Nun warst Du fort
Alles wäre anders gekommen
Aber so hat er Dich mir genommen
Ich hatte geschlafen und wurde geweckt
Durch ein lautes Schreien aufgeschreckt

Deine Schwester rief an, wollte wissen, ob ich da bin
Ich war da, ja, machte das noch Sinn?
Es war 1.34 h, als Du Dein Leben verlorst und ich Dich
Eine große Leere kam über mich
Ein Autofahrer hatte unsere Zukunft zerstört
Ich hatte doch nur Dir gehört
Und die Welt stand still … so still wie noch nie
Da war nichts mehr … nur Lethargie
Zunichte gemacht waren alle Pläne in Sekunden
Man sagt, die Zeit heilt alle Wunden
Vor 35 Jahren ist dies geschehen
Wir haben uns noch einmal wiedergesehen
Einen Tag später haben wir
von Dir Abschied genommen
Alle unsere Freunde,
wir waren alle wie benommen
Als würdest Du schlafen, so lagst du da
So schön, so friedlich, wunderbar
Der Fahrer wurde damals freigesprochen
von jeglicher Schuld
Nach dem Prozess
waren wir alle am Ende der Geduld
Doch muss er tragen diese Last sein Leben lang
Bei dem Gedanken an ihn
wir mir heut' noch angst und bang

Dieses Gedicht ist für meinen großen Bruder, der nie schlechte Laune hat, immer optimistisch bleibt, sogar, wenn die Eintracht verliert. Ich habe es anlässlich seines 60. Geburtstag vor sechs Jahren geschrieben. Mittlerweile ist er in Pension und genießt seinen Ruhestand. So habe ich es noch mal auf den aktuellen Stand gebracht.

Unser Ben, der Mann für alle Fälle

Mein lieber Bruder
Ob in Biblis oder im Saarland
Du warst immer am Ruder
Das ist allerhand
Jahrelang standest Du immer auf
bei Nacht und Nebel
Du warst immer am Hebel
Hans Dampf in allen Gassen
Ist das zu fassen?
Auf der Autobahn
kanntest Du jeden Pfosten
Du warst immer on the road
Nach West, Nord, Süd und auch im Osten
Du bist immer für uns alle da
Da freut sich nicht nur die Mama
Mit deiner Frau machst du schöne Fahrten
Da muss sie nie lange warten
Ihr wart sogar schon in den USA
Das ist ein Land, wo ich noch nie war

Der Kilian, das ist Dein ganzer Stolz
Ihr versteht euch prächtig
So soll es bleiben, klopf auf Holz
Du hattest früher immer Zeit für mich
Denkst du ab und zu auch mal an dich?
Du bist der ewige Optimist
Egal, was du machst oder wo du bist
Bleib noch fit so wie bisher
Wir geben dich nicht her
So wollen wir heute feiern
Hoch die Tassen
Das können wir nicht lassen
Wir wünschen dir alles Gute mein Lieber
Wir kommen immer gerne wieder

Dieses Gedicht ist meiner Schwägerin gewidmet, der Frau von meinem Bruder Ben.

Sie liebt kostbares Porzellan, feines Essen, schöne Reisen und natürlich ihre Familie.

Für meine Schwägerin Gundel

S' Gundel fährt gern nach Mettlach …
das is e Sach'
Dort gibt es Porzellan sehr fein
Nach kurzer Überlegung, liebe Gundel, ist es Dein
Die Sammlung ist bereits beträchtlich
Es geht ums Besitzen … hauptsächlich
Waidhofen an der Ybbs ist der Ort ihrer Träume
Man auch nicht versäume
Den Weihnachtsmarkt im Dezember dort
Auch dann ist Gundel von zu Hause fort
Sie kleidet sich immer topmodern
Das hat Gundel gern
Fein essen gehen ins Lokal liebt sie sehr
Für die Familie kochen noch viel mehr
Sie geht auch oft auf Reisen von Sylt bis Kanada
Ob nah oder fern, findet sie alles prima
Auch das Klima
Oder Bella Italia, tutto bene, pronto, pronto
Hauptsach', es ist immer was auf'm Konto.

Dieses Gedicht ist meiner ehemaligen Freundin Gina gewidmet. Sie wurde nur 40 Jahre alt.

Für Gina, die nur 40 Jahre alt wurde

Eines Tages traf ich dich in der Nachbarschaft
Deine Mutter hatte es nicht geschafft
Für Dich da zu sein
So warst du oft allein
Dein Vater hatte eine neue Familie,
lebte fern von hier
Er wollte nicht wirklich wissen,
was wird aus Dir
Du warst fortan bei deiner Tante Greta
Nun war endlich jemand für dich da
Wir haben viel zusammen gemacht, viel gelacht
Irgendwann wollten wir deine Mutter besuchen
Sie war auf der Arbeit, nicht da
So warteten wir beim Nachbar
Was dann passierte, werde ich nie vergessen
Dein Stiefvater traf ein, hämmerte wie besessen
An eurer Wohnungstür
Er hatte keinen Schlüssel mehr
Gott sei Dank dafür
Deine Mutter hatte ihn vor die Tür gesetzt
Sie hatten sich zu oft gestritten, regelrecht gefetzt
Durch den Spion der Nachbartür konnten wir sehen
Was passiert da jetzt, was wird geschehen?

Plötzlich zog er ein Messer, es war sehr groß
Wir fragten uns, was macht er da bloß?
Er schrie:
Wenn nicht ich, darf dich niemand sonst haben
Er rief Deinen Namen
Trat die Tür ein
Lief in die Wohnung rein
Uns stockte der Atem, der Nachbar rief die Polizei
Die kam auch Gott sei Dank schnell herbei
So wurde er verhaftet
Gina hat das nie wirklich verkraftet
Der Schock war groß,
sie verfiel dem Alkohol
Kam nie mehr davon los
Sie hat mit 17 geheiratet, einen Seemann
Als dann
Kamen noch zwei Kinder
Aber mehr oder minder
Das Glück war nie auf ihrer Seite
Sie rutschte von einer in die nächste Pleite
Liebe Gina,
mit 40 Jahren hast du Deinen Frieden gefunden
Alle Sorgen und Ängste überwunden
Ruhe sanft, mein Engel, helfen konnte ich Dir nicht
Ich hoffe, da, wo Du nun bist,
da gibt es ein wenig Licht
Es soll hell über Dir strahlen,
bist erlöst von Deinen Qualen

Dieses Gedicht ist für meinen Cousin Helge, der kürzlich 60 wurde.

Für Helge

Ja, Helge, wirst du schon 60 heute?
So gibst Du heut' ein tolles Fest für Deine Leute!
Sie wollen Dir gratulieren aus nah und fern
Lieber Helge,
sie haben dich alle sehr, sehr gern!
Nun bist du 60, na und?
Hauptsache, fit und gesund
Und alles läuft rund
In Wildsteig gibst du oft den Handwerker
Kannst arbeiten wie ein Berserker
Bei Janina und Sebastian
Du bist der Multitasking Mann
Der Mann für alle Fälle,
du packst an, machst nie 'ne Welle, gelle?
Auch Deiner Tochter Katharina hilfst du gerne
Hoffentlich bleibt sie hier
und zieht nicht in die Ferne
Mit Deiner Ulla gehst du gern auf Reisen
Unterwegs kann man natürlich exquisit speisen
Andere Leute können auch kochen wunderbar
Oder? Wie war das Essen auf Sansibar?
Ja, Deine Freunde von der Feuerwehr
Da wird gelöscht und vieles mehr

Soll heißen,
auch die Freundschaft, die zählt bitte sehr
Deine Kamera, die muss heute ruh'n,
hast andere Dinge zu tun
Eine Sache flashed ganz mächtig
Hast du eine Großfamilie prächtig
Wer ist denn heute alles da?
Mama Elli, na, ist doch wunderbar!
Die Schwiegereltern und der ganze Clan
Euch kann nix passieren, ihr haltet zusammen,
das ist der helle Wahn
Einer für alle und alle für einen
So geht ihr durchs Leben
Es ist ein Nehmen und ein Geben
Auch die Kollegen von der Firma sind heute da
Auch sie wollen mit Dir feiern, na klar
Hoffentlich hat jemand
einen guten Rotwein mitgebracht
Dann feiern wir die ganze Nacht
Oder eine Flasche Whisky wäre nicht schlecht
Na ja, alles andere kommt auch ganz recht
Vielleicht ein Krimi, er muss schön gruselig sein
Alles andere ist nicht fein
Lebbe ged weider …
hoffentlich heiter!
So wollen wir nicht mehr lange reden
Sondern einen heben
Auf ein noch langes und gesundes Leben!

Für meine gute Freundin Nadja. Ich hatte das große Glück, sie vor 10 Jahren zu treffen.

Für Nadja

Bin ich froh, dass wir uns kennengelernt haben
Liebe Nadja, vor genau zehn Jahren
Dies sagte ich schon oft zu Dir …
und glaube mir
Tief in meinem Herzen meine ich das ganz ehrlich
Du bist mir unentbehrlich
Nun hast du es auch schriftlich
Das war mir wichtig
Aus Wiesbaden kommst du feine Dame
Von Krakewitz ist Dein Name
Dieser Name passt zu Dir ganz exquisit
Sprichst Du ihn aus, klingt er wie Musik
Sehr edel kommst du oft daher
Als wärst Du nicht von dieser Welt, bitte sehr
Sehr kompetent bist Du in Sachen IT
Darin bist Du ein Genie
Wir lieben Musik, Bücher und die Kunst
Andere Leute haben davon keinen Dunst
Stört uns aber wenig
Sind wir auf unseren Events,
dann sind wir selig
Auf unseren Wegen lacht uns meist die Sonne an

Wir gehen gerne gut essen
Auf die besten Lokale sind wir ganz versessen
Es darf auch mal ein Schlösschen sein
Alles andere ist nicht fein
Peter und Du,
ihr pendelt zwischen Sylt und Schweiz
Man gönnt sich ja sonst nix,
was soll der Geiz?
Wir haben das Kartenschreiben
für uns wieder entdeckt
Ist eine im Kasten, ist der Tag perfekt
Auch in der Politik sind wir uns einig
Die FDP kommt wieder, ganz bestimmt,
der Weg wird steinig
Die Jungs müssen das wieder hinbiegen
Und müssen wieder Stimmen kriegen
So wünsche ich Dir
einen tollen Geburtstag, Geschenke
Und was sonst noch kommen mag
Und überreiche Dir Dein Gedicht
Sag jetzt bitte nicht, es gefällt Dir nicht
Es würde mir eine Ehre und Freude sein,
würde es Dir gefallen, das wäre fein

Für Hanna

Die Hanna lebt auf Shetland
Weil sie den Jim so nett fand
Sie hat dort ein Haus am Meer
Was will man mehr, bitte sehr?
Leider lässt das Wetter oft nichts Gutes verheißen
Deswegen ist sie oft auf Reisen
Mann, Schafe und die Katz'
sind so ab und zu alleine
Müssen alles stellen selbst auf die Beine
So ist sie gern in Österreich oder der Türkei
Manchmal ist die Mama auch dabei
Sie trifft sich mit Kollegen aus der Bank
Da hält sie noch Kontakte, Gott sei Dank
So lasset heut' die Gläser klingen
Wäre ich heut' da
Würde ich für Dich singen!
Happy Birthday, liebe Hanna!

Für Donata

Donata wurde sechzig
Ist das nicht prächtig?
Hat gearbeitet für Männer mächtig
Stets war sie zur Stelle
Hat nie gemacht 'ne Welle
Sie war immer da
Nun hat sie ihre Ruh', hurra!
Sie reist sehr gerne
Auch in die Ferne
Joe muss dabei sein
Der lässt sie nicht allein
Ob Teneriffa oder USA
Vielleicht auch mal nach Kanada
Schnelle Autos fährt sie gern
Alle Achtung, meine Herr'n
Porsche muss es sein
Alles andere ist nicht fein
Kommt nicht in die Garage rein
Die Oldtimer nicht zu vergessen
Darauf ist sie ganz versessen
Im Garten wird gegraben und gebuddelt
Da wird nicht gehuddelt
Sie bekocht gern ihre Gäste
Und feiert gern mit ihnen Feste
Ab und zu hat sie auch Zeit
Für ihre geliebte Handarbeit
Es wird gestrickt, was das Zeug hält
So lange, bis es ihr gefällt.

Für Ayshe

Wir leben in zwei verschiedenen Welten
Wo durchaus unterschiedliche Regeln gelten
Wir trafen uns eines Tages einfach so
Vor 10 Jahren in unserem Büro
Wir lernten voneinander und philosophierten
Über Gott und die Welt
Und über Allah, so wie es dir gefällt
Du hast den Ehrgeiz, nicht auf der Strecke zu bleiben
Den anderen nicht ihre Freiheit zu neiden
Du musst mit zwei Religionen leben
Es ist ein Geben und ein Nehmen
Du schaffst den Spagat
Zu sein immer parat
Für drei Kinder und den Mann
Wie fängst du das nur an?
Du schaffst die Balance so ganz nebenbei
Mit einer Nonchalance 1, 2, 3
Dann bist du meist den ganzen Tag in der Bank
Auch da hast Du meist 'nen Lauf, Gott sei Dank
High Heels zu tragen, das sind Deine Glücksmomente
Die wirst Du tragen bis zur Rente
Die trägst du als Symbol für Deine Art
Darin wirkst du so zerbrechlich und zart
Die Sammlung deiner Handtaschen nicht zu vergessen
Auch darauf bist Du ganz versessen
Der coole Spruch:
„Wenn du dran bist, bist Du dran", der ist von dir
Den merk' ich mir

Die Sahne trinkst du pur
Trotzdem schlank wie ein Reh
Wie machst du das nur?
Du kannst kämpfen wie ein Löwe für Deine Rechte
Gegen alles und jeden, gegen alle Mächte
Dafür bist du bekannt
Im ganzen Land
So, wie du bist, so sollst Du bleiben
Für alle Zeiten!

Klassentreffen

Wir waren süße 17, als wir uns trennten
Von da an sahen wir einige nur noch selten
Die erste große Liebe
brachte manchem erst Euphorie,
dann Schmerz
In die Bäume ritzten wir so manches Herz
Bei einigen hat die erste Liebe gehalten,
das große Glück
Da gab es keinen Weg zurück
Wir tanzten zu Songs
von Deep Purple, Slade, Thin Lizzy
Später wurden wir dann alle busy
Wir hatten damals alle Chancen durchzustarten
Niemand musste warten
Wir haben wohl alle was draus gemacht
Es hat jedem was gebracht
Ob Familie, Kinder oder nicht
Da hatte jeder so seine Sicht
Die Lehrer, die waren streng, aber gut
Sie machten uns Mut
Nach dem zu streben
Was wir wollten im Leben
Es lief nicht immer alles nach Plan
Obwohl er war voller Elan
Musste einer von uns früh gehen
Wir fragten uns damals, wie konnte das geschehen?
So wollen wir manchmal an ihn denken
Und ihm ein paar Sekunden unseres Lebens schenken

Er war mit vielen freundschaftlich verbunden
Verbrachten gemeinsam schöne Stunden
So sollte man genießen jeden Tag
Immer hoffen, dass er Gutes bringen mag
Manchmal kommt es mir vor,
als wäre es gestern gewesen
Einige haben den Weg hierher nie wieder gewählt
Von Alice konnten wir nur noch in der Zeitung lesen
Dabei ist es doch die Freundschaft, die zählt
So hatten wir unsere Träume
Nicht alle waren Schäume
Sehen wir nicht noch alle aus wie neu?
So soll es bleiben, toi, toi, toi
Aber auch wir werden nicht jünger, Leute
So lasst uns feiern
Hier und heute

Für meinen Ex-Kollegen Sander

Hmm, ich hab da mal 'ne Frage
Ist es wahr, Sander wurde 50 Jahr?
Ja wunderbar!
So lasst uns feiern
Von hier bis an die Sansibar!
Wenn ich mal was sagen darf … so fängst Du immer an
Dann kommt lang' kein andrer dran
Du bist in jeder Sitzung präsent
Kompetent und konsequent
Du verfolgst Dein Ziel,
nimmst die Dinge ernst, das ist kein Spiel
Du bist unterwegs für die Bank in Budapest und Wien
Da zieht's Dich immer hin
Die Nasti vorher alles richten muss
So kommst Du zum Geschäftsabschluss
Du hast Fäden gezogen im Aufsichtsrat
Immer in Aktion mit Rat und Tat
Du bist sozial sehr engagiert
Da gehst du ran wie Blücher
Du kriegst alles in trockene Tücher
Dafür hast Du gegründet einen Verein
Das ist bemerkenswert
Und fällt nicht jedem ein
Dein Freund Niklas hilft mit, wenn er kann
Das ist Dein bester Mann
Auch in der Politik hast du was zu sagen
Stellst immer die richtigen Fragen

Du kannst auch unbequem sein
Am Ende ist dann doch wieder alles fein
Du gehst gern auf Reisen mit Julia und Sarah
Die beiden kaufen gern ein in New York und bei Zara
Auch bei Swarowski zahlt der Papa
Das macht er gern, dafür ist er da
Beim Meditieren findest Du zu Dir selbst zurück
Das ist Dein Weg zum großen Glück
Du willst immer was bewegen, Sander
Solche Menschen braucht man im Leben
Jetzt musst du Dir auch noch ein Gedicht anhören
Darfst dabei nix reden
Auch wenn's schwerfällt, damit musst du leben
Jetzt hast Du's überstanden, du darfst wieder reden
Das ist für Dich der größte Segen!

Für Mandy – mit ihr habe ich 10 Jahre in einem Zimmer gesessen, wir haben zusammengearbeitet … und verstehen uns trotzdem noch gut. Sie wurde letztes Jahr 50.

Für Mandy

Alter Falter, das ist doch kein Alter
Du stürmst durchs Leben im Sauseschritt
Du legst oft ein Tempo vor
Da kommt kaum ein anderer mit
Du lässt es krachen von hier bis in die USA
Und das in einem Rhythmus … wunderbar!
Du bist das Multitaskinggirl
Du bist Winnies' pearl
Keine Feier ohne Mandy … das ist Gesetz
Du rockst den XXL-Club … let's fetz!
Du kannst nicht ohne Bea und Caro
und sie nicht ohne Dich
Freundschaft ist 'ne tolle Sache an sich
Auch Deine Kinder finden, Du bist das Leben pur
Voller Energie … wie machst Du das nur?
Du fährst oft auf der Überholspur … na und?
Hauptsache, alles läuft rund
Wenn Chris Normann in der Jahrhunderthalle rockt
Mit einer Vorstellung lockt
Dann wirst du nicht lange warten
Schnell holst Du dir die Karten

Jon Bon Jovi live zu sehen, das wäre der Hit
Nimmst du mich dann bitte mit?
Über Sascha Grammel lachst Du dich schlapp
Und über Freiherr von Furchensumpf
… hetz mich nicht … was geht ab?
In Niedernhausen bei den Chippendales
Das waren Jungs ganz prächtig
Haben geflashed ganz mächtig
Da war ich einst mit Dir
Ich denke gern daran zurück, das glaube mir
Die Bank, das ist Dein Leben
Hat Dir viel gegeben
Viele Freunde hast Du dort gefunden
Mit denen feierst Du heute Deinen Runden
Du gibst auch immer viel zurück
Liebe Mandy
Weiterhin viel, viel Glück!

Für meine Eltern

Eure Hochzeit war am 6. 6. 44, auch D-Day genannt
Danach verliefen alle Pläne im Sand
Mum, du warst 20, da gingst du auf die Flucht
Die Familie war weithin verstreut
Wurde verzweifelt gesucht
In Frankfurt hast Du Deinen Mann dann wiedergesehen
Inzwischen war viel geschehen
Er war schwer verletzt, gezeichnet vom Krieg
Dahin war der Sieg
Es war die Stunde Null – ein Neubeginn –
Das Grauen sollte aus dem Sinn
Alles Hab und Gut war verloren
Vier Jahre später wurde das erste Kind geboren
Da war oft großes Schweigen
Man konnte kaum Gefühle zeigen
Das Geld war knapp
Die Familie musste werden satt
Es war nicht immer leicht
Für vieles hat es nicht gereicht
Ihr habt trotzdem immer gut für uns gesorgt
Habt euch nie etwas geborgt
Dafür ward ihr zu stolz
Ostpreußen sind geschnitzt aus besonderem Holz
Trotz allem habt ihr euch noch um die gekümmert
Die schlechter dran waren
Und das in unzähligen Jahren
Der Wohlstand kam dann auch noch irgendwann
So gingen wir viel auf Reisen dann

Mum, du bist nun 90 und im Pflegeheim
Dort bist Du nie allein
Das Team dort ist klasse
So soll es denn sein

Dieses Gedicht habe ich für einen Mitarbeiter im Pflegeheim meiner Mum geschrieben. Sie ist im Juni 2015 dort eingezogen. Der Sozialdienst in Gestalt von Herrn von Lavilla macht dort eine vorbildliche Arbeit. Der gute Mann ist dann leider, bedingt durch einen Unfall beim Sport, monatelang ausgefallen. Die Bewohner haben ihn schmerzlich vermisst. Als er dann wieder fit war, habe ich ihm ein Gedicht verpasst. Ich nannte es:

Unser Sommer ohne Herrn von Lavilla

Wo ist denn der Herr von Lavilla?
Grad war er doch noch da
Ist er ab nach Sevilla?
Nein, zwei Monate lag er darnieder
Nun kommt er wieder
Gott sei Dank steht er wieder auf der Matte
Was er wohl hatte?
Egal, was war auch gewesen
Hauptsache, er ist wieder genesen
Kann er beim Fußball
wieder dribbeln, flanken, Tore schießen?
Den Sport wieder genießen?
Das Sommerfest lief ohne ihn im Juni
Stattdessen luden wir ein George Clooney
Der hat die Alten …
auch ganz gut unterhalten

Ja, Sport ist Mord
Das sagte schon der Churchill
Und so Gott will
Läuft nun alles wieder rund
Und der Herr von Lavilla … ist wieder gesund!

Für meine Nichte Claire

Endlich 18!

Alter Falter, was für ein herrliches Alter
Claire wird heute 18 Jahr'
Ist das nicht wunderbar?
Leute, wie die Zeit vergeht
Vor uns ein so schönes Mädchen steht
Sie war doch gestern noch so klein
Wie kann das sein?
Mit dem blauen Fiat kann sie nun endlich flitzen
Na, hoffentlich wird sie niemand blitzen
Gibt's auch mal ein paar Beulen
Wird sie nicht gleich heulen
Her English is really very good
For this subject she's always in mood
Das Abi ist zum Greifen nah
Noch ein Jahr, dann ist es wahr
Das bisschen Mathe noch
Der Satz des Pythagoras … sonst noch was?
Sie weiß, das Glück dieser Erde
Liegt … richtiiiiig … auf dem Rücken der Pferde
So muss kutschieren sie der Papa
Vor lauter Stress fast gaga
Sonntags in den Nachbarort
Dann ist sie 'ne Weile fort
Bald geht's endlich allein … das ist fein!

She's the dancin queen
You know what I mean?
Musik und Tanz, das ist ihr Leben
Dafür würd' sie fast alles geben!
Sie fährt zu Cro & Co
Das ist der Burner sowieso
Leo, Greta, Mindy und Jule müssen mit
Dürfen verpassen keinen Hit
Das Smartphone hält sie auf dem aktuellen Stand
Was gibt es Neues im Land?
Mit youtube, what's app und google
kommt man beschwingt durch den Tag
So kann man alles abrufen, was man mag
Simsen und telefonieren nicht vergessen
Auch darauf ist Claire ganz versessen!
Highlight des Jahres war Jogi's Eleven!
Haben gebracht Claire in den 7. Heaven!
Zum Public Viewing wurde sich gestyled
Dann in den Sodener Kurpark geeilt
Mit dem Maschterplan zum Weltmeischter
Am liebsten war ihr Thomas Müller,
das war der Knüller
… oder wie heischt er?
Mit ihren Geschwistern versteht sie sich wunderbar
Die Großen haben auf die Kleine aufgepasst
Jahr für Jahr
Als dann plötzlich eine fehlte
Mussten sie gemeinsam das durchstehen
Leben musste ja weitergehen
So wollen wir auch in diesen Momenten
Unserer Oma Gerda gedenken

Ach, wäre sie jetzt hier, würde sie fragen
„Na Claire, was wünschst Du Dir?"
„Ich brauch Klamotten, Oma",
würde Claire dann sagen
1, 2, 3 ins MTZ
shoppen mit ihr war immer nett
Und Oma reiste auch gerne von Ort zu Ort
Diese Tradition setzt auch Claire sehr gerne fort
Noch eins flashed ganz mächtig
Hat sie eine Großfamilie prächtig
6 Tanten und Onkel plus 12 Kinder an der Zahl
Will sie mit allen chillen oder twittern
Hat sie die Qual der Wahl
So geht sie nun in die weite Welt
Kann nun machen, was ihr gefällt
Und sucht noch ihren Held, der beschützen sollte sie
Er sollte haben Charme und Magie
Vielleicht ist einer bereits ausgewählt
Liebe Claire, ja, nur die Liebe zählt
Deine Eltern müssen nun lassen los
Das werden sie schaffen … ganz famos
Alles Gute, Claire!

Für den Doc – ein ehemaliger Kollege von mir, den ich nun 38 Jahre kenne. Er ist letztes Jahr 70 geworden und hat ein rauschendes Fest gefeiert.

Für den Doc

Der Mann wird siebzig … ist das richtig?
Jo, es stimmt … Kinder, wie die Zeit verrinnt
Unglaublich, aber wahr,
so wollen wir feiern … wunderbar!
Eigentlich müsste er jetzt
im Sessel sitzen und ausruh'n
Stattdessen wird er wieder über die Pisten flitzen
Man muss ja was tun
Die meisten seh'n ihn dann nur noch von hinten
Er dreht sich kurz um und tut winken
Von Chamonix bis Aspen über Davos
Nur das zählt, das ist famos
Wer rastet, der rostet, er zieht durch die Welt
Egal, was es kostet
Seine Frau muss mit, sonst sieht sie ihn nie
Simst man ihn an, kann man nie sicher sein
Von wo aus geht er dran?
Ist er mal wieder auf dem Machu Picchu,
auf Hawaii oder doch am Main?
Bei ihm kann man nie sicher sein
Der Traum seiner Frau wäre,
ihn öfter mal zu Hause zu seh'n

Man sagt, es gibt nix Schlimmeres,
als wenn alle Träume immer in Erfüllung geh'n
Der Mann ist nicht zu stoppen,
dieses Tempo, diese Energie sind nicht zu toppen
Der Mann ist Kult, wer das nicht glaubt,
der ist selbst schuld
Er hat quasi das Netzwerken erfunden …
Hierbei auch alle Multikulti-Hürden überwunden
Er ist überall involviert, ob Konsulat, Fallschirmjäger,
Jagdverein, NATO, FDP
Letzteres tut momentan noch ein bisschen weh
Chase-Lauf und Season Opening,
das sind die magischen Worte
Die mit ihm unabdingbar verbunden sind
an diesem Orte
Hier hatte er die Fäden in der Hand … allesamt
Auch für die Schwachen hat er sich immer eingesetzt
Dafür haben wir ihn sehr geschätzt
Man kann mit ihm auch reisen durch die Welt,
wohin es uns gefällt
Hat der Bus auch einen Plattfuß –
Fröschke ran muss
Schauspieler bekommen Oscars,
eine goldene Kamera oder einen Bambi
für das Werk des Lebens
Hier wartet er bisher vergebens
Wie sollte man ihn denn nennen, diesen Preis?
Global Social Media Entertainment World Wide?
Das wäre heiß
Der Mann kann's einfach nicht lassen
Ist das zu fassen?

Er ist immer für Überraschungen gut
Bei ihm muss man sein immer auf der Hut!
Da, wo er ist, da steppt der Bär!
Die Leute finden's gut, bitte sehr!
Wie lange soll das denn noch so weitergeh'n?
Noch ganz, ganz lange, lieber Doc, das wäre schön!

Wir haben in der Verwandtschaft einen jungen Mann, der studiert hat, seit Monaten zu Hause sitzt und sich nicht um einen Job bewirbt.

Hinaus ins Leben

Magnus, Du verweigerst Dich dem Leben
Hat es dir denn gar nichts zu geben?
Du schaust allem nur zu
Und sagst Dir, lasst mir doch alle meine Ruh'!
Wer hat da was falsch gemacht?
Hat man Dich mal ausgelacht?
Du warst doch so gut behütet
Oder war es dessen zu viel?
Das Leben ist doch kein Spiel
Gib Deinem Dasein eine Wende
Mach dieser Farce ein Ende
Du bist doch nicht dumm
Alle fragen sich, warum
Lebt er in den Tag hinein
Lässt alle Fünfe grade sein?
Junge, sei bereit!
Es wird Zeit!

Für Ulla, mit der ich vor über 50 Jahren eingeschult wurde.
Vor zwei Jahren hatte sie gerade ihren Job gekündigt.
Anlässlich einer ihrer legendären Geburtstagspartys habe
ich dies für sie aufgeschrieben:

Frei wie ein Vogel im Wind

57 ist die Ulla nun
Fortan möchte sie was anderes tun
Der gemeinsame Weg ist zu End' mit Frau Heutzer
Höre ich da einen tiefen Seufzer?
Am liebsten möchte sie wieder zu den Schotten
Schnell eingepackt die Klamotten
Auch Helge muss mit
Ob er will oder nit
Zunächst geht es aber nach Sansibar
Ja, das ist doch wunderbar
Die neue Arbeit, die kann warten
Irgendwann wird sie wieder durchstarten
Die Familie ist das Wichtigste im Leben
Das ist ein wahrer Segen
Sebastian zieht durch die Welt
Das ist Dein Held
Gott sei Dank ist er nun oft in Bayern
Da könnt ihr zusammen feiern
Deine Tochter wohnt mal hier mal dort
Immer an einem anderen Ort, sie ist sehr gut im Sport
Hoffentlich geht sie nicht zu weit fort

In der Schule sie ihren Job fantastisch macht
Die Kinder lieben sie und geben acht
Ja, Ulla, lebbe ged wieder … hoffentlich heiter
Und immer so weiter
So wollen wir nicht mehr lange reden
Sondern einen heben
Auf ein noch langes und gesundes Leben!

Für Johanna, meine Cousine, die vor drei Jahren 60 wurde!

Für Johanna

Auf gesundes Essen legt sie Wert
Man merkt es, wenn sie steht am Herd
Es muss immer Bio sein
Alles and're kommt nicht in den Topf hinein
Sie geht gern zum Sport
So ist sie oft fort
Sie hat viele Termine
Sei es beim Doc, mit Clarissa oder Sabine
Zum Doc muss sie leider hin
Macht manchmal keinen Sinn
Da würde sie gerne was anderes machen
Sprachen lernen und andere Sachen
Sie reist gern mit ihrem Klaus
Dann sind sie weg von zu Haus'
Sie gehen meist in Wellnesstempel
Nur in ruhige Oasen ohne Gerempel
Ab und zu geht's ab aufs Schiff
God thanks sind sie noch nicht gelaufen auf ein Riff!
Ja, die Johanna …
Mit ihren Autos fährt sie gerne flott
Und toi, toi, toi, noch keins ist Schrott
Mit ihrer Cousine geht sie manchmal essen
Überall in Hessen

Es gibt nur Tee, Salat und Suppen
Alles andere muss die Cousine wuppen
Sie sucht oft nach dem idealen Arbeitsplatz
Das geht bei ihr ratzfatz
In den Schulen gibt sie oft Unterricht
Wobei sie hier durch Präzision besticht
Die Schnäppchenjagd, die muss auch sein
Die macht Spaß, das ist fein
Ja, die Bee Gees, die dürfen nicht fehlen
Die liebt sie heiß und innig
Das kann man nicht verhehlen
Leider hat sie sie noch nie live gesehen
Au weh … wie konnte das geschehen?
Happy Birthday!!

Da ich ein Frankfurter Mädsche bin, halte ich es für angebracht, auch mal eine Laudatio auf meine Heimatstadt zu halten. Den Titel: Hauptstadt des Verbrechens in Deutschland halte ich nicht für angebracht. Dieses Gedicht habe ich anlässlich meines 60. Geburtstages für den 22. 9. aufnotiert und werde es bei der Feier vortragen.

Ei, mei Frankfort, was lieb isch Disch so sehr

In Gedanke bin ich oft bei Dir
Isch gebb dich net her
Isch trage Dich immer in meinem Herz
Manchmal auch mit Schmerz
Weil so mancher dich net gut behandele tut
Am liebsten krächt er dann von mir paar auf die Schnut
Du bist doch die Perle am Mai'
Kann es woanderst schöner sei?
Ei, mei Frankfort, isch hab Dich so lieb
Wenn aaner Dir was tut, kriescht er Hieb'
Und zwar von mir persönlich
Isch werd dann ganz gewöhnlisch
Die Fressgass, mei Einkaufszone
Hier kannste alles kaafe,
mit Scheckkart', aber auch ohne
Hauptsach, du kannst gut laafe übers Pflaster
Hast immer dabei viel Zaster

So langsam wird's beschwerlisch
Ehrlisch
Hier is übrischens schon der olle Goethe rumgeschlurft
Oder mit sei Kutsch rumgekurvt
Ja, und dann gibt's hier im Dorf
einen super Fußballklub
In Frankfurt sacht mer, der is gut,
der kommt in die Supp'
Man nennt ihn auch mal die Diva
Der kost' mich Nerve immer wieda
Ja, ihr liebe Leut' was soll isch sache
Die guden Tache wern mmer wenischer
Des is wie ne Plache
Desto älter mir wern
Na, des hab isch grad gern
Isch freu mich ganz doll, dass ihr alle da seid
Euch alle eine gude Zeit!

Ihne ihrn eure Su-Marie

Für Korbinian, einen früheren Freund von mir. Er ist Schauspieler, war früher Fotomodell und Skilehrer.

Er lebt mittlerweile in einem Haus in den bayerischen Bergen, zurückgezogen, ohne TV und sonstige Annehmlichkeiten, die das moderne Leben eigentlich zu bieten hat. Hauptsache, man ist zufrieden, oder?

Für Korbinian

„Grias di",
das waren Deine ersten Worte
Die ich hörte von Dir
Ich war tatsächlich hier
In einem Orte
Wie im Märchen,
es war wie im Traum
Man glaubt es kaum
Und zu später Stunde
In geselliger Runde
Gab es Enzian
Dann fing eine Geschichte an
Die war so wunderschön
Wie auch Du warst anzusehen
Du lehrtest mich, zu fahren Ski
Sonst hätte ich 's gelernt wohl nie
Ich durfte Dich zum Theater begleiten
Du spieltest genial
Das waren schöne Zeiten!

Die München-Frankfurt-Connection
Es gab immer Action
Eines Tages trennten sich unsere Wege
Es war halt nicht für immer gedacht
Nicht schlimm
Korbinian,
es hat trotzdem Spaß gemacht

Dieses Gedicht habe ich am 9. 2. 2016 anlässlich des Zug-
unglücks in Bad Aibling geschrieben, und zwar aus Sicht
eines Menschen, der dort umgekommen ist.

Und plötzlich bist du tot …

Innerhalb von Sekunden
Stürzt man Familie und Freunde in emotionale Not
Hat man die Hürde des Lebens überwunden
Man wollte doch noch gar nicht geh'n
Was war gescheh'n?
Man hat doch eben noch das Smartphone gecheckt
Im Internet neue Klamotten zum Bestellen entdeckt
Von jetzt auf gleich brauchst Du nichts mehr
Es ist so, wie einzuschlafen in der Nacht
Der Unterschied ist, dass man nicht mehr aufwacht
Ein Zug ist entgleist
Ich kann euch sagen, was das heißt
Man stirbt, ohne Abschied zu nehmen
Von jetzt auf gleich ist es aus mit dem schönen Leben
Ich bin jetzt im Himmel hier oben
Ich kann euch seh'n, auch eure Tränen
Ich werde mich nach Euch sehnen
Und irgendwann wird kommen die Zeit
Dann ist es auch für euch so weit
Dann werden wir uns wieder treffen
Ehefrau, Bruder, Nichten und Neffen
Bis dahin müsst ihr euch üben in Geduld
Sorry, es war nicht meine Schuld

Für Volker, er kümmert sich um alles und jeden in seinem Frankfurter Stadtteil. Als ihm kürzlich alles zu viel wurde, rief er: „Ja, bin isch denn die Kanzlerin?"

Ja, bin isch denn die Kanzlerin?

Ja, seh isch aus wie der Bürschermeister?
Des is doch eischentlisch der Feldmann,
oder wie heißt er?
Kaum bin isch uff de Gass
Ruft einer: „Volker, isch hab schon widder was
Weil isch dich grad' seh, des is ja schee
Mir is ebbes uffgefalle
Isch tu disch doch net uffhalle?
In meiner Strass, do, wo isch wohn
Ei, da hätt' isch gern ne beruhischde Zon'
Die fahr'n ja alle viel zu schnell
Du tust des Kind schon schaukele, gell?
Du bist doch immer im Bolongaropalast
Hau doch da mal uff'n Tisch
Oder derf des do nur de Quast?
Wenn er im Gadde de Molière zitiert
Mach du auch dein Ding ganz ungeniert
Ja, ich muss jetzt weidder
Mei Fraa wat mit'm Esse
Ach, bevor ich 's vergesse
Mir is ebbe noch was uffgefalle
Isch tu dich doch net uffhalle?

Die Luft, die könnt hier besser sein
So wie im Taunus, des wär' fein
Was kann man de da mache?
Volker, lass es krache …
Sach doch mal den Sanofi und Celanese
Sie solle ebbes Schoko produziere
Ach, des wär ein Duft … zum Verführe …
Ich bin dir auch net bös, wenn's länger dauern tut
Du schaffst des Volker, nur Mut"

Letzte Woche kam die freudige Nachricht, dass mein Bruder Opa wird.

Bille und Kilian bekommen ein Baby!

Wenn neues Leben erwacht
Ist ein kleines Wunder vollbracht
Quasi über Nacht
Auf einmal ist man Papa
Und plötzlich ist man Mama
Es gibt viele Dinge, die man lernen muss
Mit spontanen Partys ist erst mal Schluss
Mein Bruder Ben wird Großpapa
Meine Schwägerin Gundel Großmama
Sie werden für Euch sein immer da
So warten alle auf das freudige Ereignis der Geburt
Ob in Nürnberg, im Saarland oder Frankfurt
Hauptsache gesund, wie soll er denn heißen, Kurt?
Und sollte es ein Mädel werden
Nennt sie Marie-Fleure
Der schönste Name auf Erden
Das wäre mir eine Ehr'
Spaß beiseite, jetzt müsst ihr Verantwortung tragen
Rund um die Uhr an allen Tagen
Ob dieser Nachricht sind wir sehr glücklich alle
Von mir aus nenn ihn doch Kalle

Oder sie Maxima
Hauptsach,'s Kind ist bald da
In großen Schritten der September naht
Dann gibt's Nachwuchs bei Bille und Kilian
Fragil und zart

Vor einigen Wochen erzählte mir ein guter Bekannter, dass er keinen Kontakt mehr zu seiner Tochter habe. Er war sehr traurig. Dieses Gedicht ist allen Scheidungskindern gewidmet.

Von Lydia an ihren Vater

Du hast mir das Herz gebrochen
Damals, als ich ein Kind noch war
Du warst doch nur für mich da
Auf einmal musstest du gehen
Um das Idyll war es geschehen
Ich habe das nie überwunden
Es gab viel traurige Stunden
Es gab Gezerre wegen Möbel und Geld
Ich blieb auf der Strecke
Hat mich jemand gefragt
Ob mir das gefällt?
Papa, du hast versucht zu schlichten
Es hat geklappt mitnichten
Ihr wart zu keinem Kompromiss bereit
Immer wieder gab es Streit
War davon oft wie benommen
Habe die Kurve nicht bekommen
Wir sollten uns mal wieder in die Augen schauen
Vertrauen aufbauen
Oder ist die Kiste total verfahren?
Nach so vielen Jahren?

Wie fängt man wieder an?
Man sollte sich mal wieder sehen
Dann und wann
Sich trösten, wenn es einem schlecht geht
Ist es jetzt zu spät?
Sich loben, wenn man was erreicht hat
Das hätte ich mir gewünscht
Was hab ich das so satt
Immer alleine zu sein
Andere Leute haben Familie, wenn auch klein
Aber ohne – ist das der Sinn des Lebens?
Ich werde warten … vergebens?

Freunde für's Leben

Wir waren mal ganz dicke, der Tom, der Jan und ich
Wir glaubten, diese Freundschaft hält ewiglich
Doch eines Tages gab es Streit
Und es war niemand bereit
Zu schlichten
Mitnichten
Denn zur Freundschaft gesellte sich die Liebe
Und das ergab dann Eifersucht
Ewige Freundschaft
Vergeblich gesucht
So gingen wir wieder in unsere alte Welt zurück
Der Tom, der Jan und ich
Sie ließen mich im Stich
Leben ist oft schlimmer als ein Theaterstück
In Gedanken bin ich manchmal bei Tom und Jan
Was fange ich nur ohne sie an?
Und sie ohne mich – eigentlich?

Heißes Pflaster

Es muss wohl 1978 gewesen sein
Da eröffnete in Frankfurt ein Klub
Da kam nicht jeder rein
Die Reichen und die Schönen
gaben sich die Klinke in die Hand
Ob Promi oder nicht,
Hauptsache, interessant
Eine illustre Gesellschaft
Manche haben nicht gerafft
Wie komme ich an den Türstehern vorbei?
Mir war es einerlei
Jung und schön
Das waren die Eintrittskarten
Ich brauchte nie zu warten
Draußen haben sich Dramen abgespielt
Hatte man keinen Erfolg erzielt
Innen war es ziemlich heiter
Coole Musik, Champagner und so weiter
Der Club hieß übrigens Dorian Gray und er war Kult
Wer den nicht kannte, der war selbst schuld
Rennfahrer, Fußballer, Schauspieler waren da als Gäste
Sie alle feierten dort rauschende Feste
Was soll ich sagen, es war ein Traum
Man glaubt es kaum
Lang, lang ist's her
Ich hab's erlebt, was will man mehr?

Dieses Gedicht habe ich am 6. 3. 2016 gegen 10.00 h geschrieben. Kurz danach kam tatsächlich die Nachricht, Armin Veh sei aus seinem Amt als Trainer entlassen worden.

Kall, mei Droppe!

Wann kommt die Diva aus dem Tal der Tränen?
Wir alle uns nach einem Sieg so sehnen
Momentan kann man sich da nur schämen
Oh Adler, flieg doch mal nach oben
Sodass die Fans können wieder toben
Was sagen wir zu Armin Veh?
Oh Armin, geh mit Gott, aber geh!
Ein neuer Trainer muss gezaubert werden aus dem Hut
Liebe Eintracht, wir schaffen das, nur Mut!

Für Marco

In der Schwabinger Szene warst Du bekannt
Bei Dir ist nie was angebrannt
In München bekannt wie ein bunter Hund
Bei Dir ging's immer rund
Flotte Mädels, schnelle Schlitten
Du ließest Dich nicht lange bitten
Auch den Knast kennst Du von innen
Wie kamst Du denn da rein?
Warst Du denn von Sinnen?
Zu viel getrunken, das war nicht fein
Du bist ein toller Schauspieler,
das war Dein Vater schon
Das hast du von ihm geerbt, bist ja sein Sohn
Du hast das Leben genossen in vollen Zügen
Es war tatsächlich so, ich will nicht lügen
In München sind wir uns mal über den Weg gelaufen
Es währte nur kurz
Wir konnten uns nicht zusammenraufen
Das war wohl auch besser so
So wurde jeder auf seine Weise froh

Für mein Kind, das ich nie hatte

Denise oder Dennis
Das wär's gewesen, ein Traum
Wir waren doch sonst so perfekt
Man glaubt es kaum
Kein Wunsch blieb sonst offen
Doch es war umsonst, das Hoffen
Es hat nicht sollen sein
So blieben wir allein
Die Blicke der anderen, voller Mitleid
Sie sagten alles und nach einer gewissen Zeit
Fügten wir uns dem Schicksal
Ab und zu war es eine Qual
Freunde bekamen ihre Laura oder Pasqual
Und so kam es anders als gedacht
Wir haben unser Ding gemacht
Liebe Denise, lieber Dennis
Wir hätten euch ein wunderbares Leben gegeben
Und in euch weiterleben wäre gewesen ein Segen
Von ganzem Herzen
alles Gute den Kindern dieser Welt
Wünschen euch ein gutes Leben,
so, wie es euch gefällt

Ich stelle immer wieder fest, dass die jungen Leute, wenn sie ihr Abi in der Tasche haben, denken, sie hätten es geschafft. Jetzt geht es aber doch eigentlich erst richtig los …

Abi … und was nun?

Ist es mit der Schule endlich vorbei
Abi geschafft, mit Durchschnittsnote Zwei
Was gibt es nun zu tun?
Glaubst, du kannst rocken die Welt
Kannst tun, was dir gefällt
Dass es aber nicht so ist … so ein Mist
Merkst du spätestens dann
Fängst Du Deine Lehre an
Anstatt der Lehrer nervt nun der Chef
Was für ein Pech
Oder die Dozenten an der Uni fordern Dich
So wie sie früher forderten mich
Das Leben ist kein Ponyhof
Manchmal ist es nur noch doof
S'Leben ist auch kein Wunschkonzert
Meist gibt es einen, der mit Dir Schlitten fährt
Ist es dann endlich mit der Lehre
oder dem Studium vorbei
Geht es nun erst richtig mit der Arbeit los
Ja, ohne Moos nix los

Oder glaubt ihr, das Geld wächst auf den Bäumen?
So darfst Du nur nicht versäumen
Die Scheine zu pflücken
Sonst fallen sie ab und du musst Dich bücken.

Der erste Kuss

Der erste Kuss …
… ist ein Genuss
Und dann … ist noch lange nicht Schluss
Weil man es will, aber nicht muss
Ich war 14, Mick, du warst kaum älter
Im Stadion lief „Gimme shelter"
Wir drehten unsere Runden auf dem Eis
Uns war trotzdem ganz schön heiß
Du siehst die Welt plötzlich mit anderen Augen
Die Realität rückt in die Ferne
Man hat sich gerne
Man kann's kaum glauben
Man kann nicht voneinander lassen
Muss sich immerzu anfassen
Irgendwann taucht man wieder in den Alltag ein
Wie wird das Leben jetzt sein?
Was sagen unsere Alten?
Der Mann meiner Träume
Auf dass ich es nicht versäume
Versuche, ihn zu halten
Dies dürfte sich in dem Alter schwierig gestalten
So zieht er irgendwann doch weiter
Das Leben bleibt, wie es ist
Freundlich und heiter

Dieses Gedicht habe ich geschrieben, als feststand, dass die Eintracht in die Relegation muss.

Das Wunder von Frankfurt

Liebe Eintracht
Was habt ihr nur gemacht?
Wollt ihr, dass man über euch lacht?
Bitte tut uns nicht mehr quälen
Wir alle nach einem Sieg uns sehnen
Ihr müsst das Ding jetzt rocken
Bitte haut sie aus den Socken
Die Chose nicht mehr verbocken
Die zwei Spiele
müsst ihr jetzt mit Schmackes wuppen
Niemand darf euch jetzt noch in die Suppe spucken
Schon gar nicht Nürnberg
Der Fußballzwerg
So warten wir auf das Wunder
Gebt den Franken Zunder
Das Wunder von Frankfurt
Lasst es bitte geschehen
Wir wollen euch in der ersten Liga sehen!

Dieses Gedicht habe ich geschrieben, als die Eintracht im Mai 2016 gegen Nürnberg gewann und in der ersten Liga blieb!

Wir sind Eintracht!

Momente der Glückseligkeit
Sie könnten dauern eine Ewigkeit!
Eintracht vor … noch ein Tor!
So riefen wir alle einträchtig im Chor!
Dieser Abend hatte alles zu entscheiden
Ihr ließet uns leiden
Das Warten hat sich jedoch gelohnt
Wir bleiben vom Abstieg verschont
Jungs, ihr habt es vollbracht
Ihr seid die Helden der Nacht
Den Sieg perfekt gemacht
Habt den Bus zum Hüpfen gebracht
Das Hessenland hat gebebt
Im siebenten Himmel geschwebt
Haris ist der Held der Eintracht
Hat den Erhalt perfekt gemacht
Nürnberch … der Fußballzwerch
Muss wieder rücke de Pferch
Bleibt in der zweiten Reihe bei seinesgleichen
Musste der Eintracht weichen
Weil sie einfach stärker waren
Stärker als die Bajuwaren

Die Antwort des Vaters an Lydia

Geliebte Lydia
Auch ich habe gelitten ohne Ende
Habe immer gehofft auf eine Wende
Du bist doch mein einziges Kind auf der Welt
Was nützt einem Gut und Geld
Eigentlich ist es so, dass nur die Familie zählt
Wir haben uns unnötig gequält
Hoffentlich kriegen wir es wieder hin
Macht das Leben sonst einen Sinn?
Das, was geschehen, tut mir unendlich leid
Wir sollten uns sehen
Wann hast Du für mich Zeit?
Lass uns vergessen die letzten Jahre
Es ist des Wartens genug
Jetzt sind wir wieder am Zug

Das liebe Leben und das Ende

Der Tod kommt oft ganz unverhofft
Manchmal auf leisen Sohlen
Er muss uns irgendwann alle holen
Aber das wann und wie
Das ist eine Philosophie
Manchmal kommt er in Etappen
In Form von Krebs oder anderen Attacken
Es passt eigentlich nie
Wenn er steht vor der Tür
Das ist nun mal sein Schicksal, er kann nichts dafür
Ein jeder wünscht sich sehnlichst
Selig einzuschlafen, wenn es ist für ewig
Vorher darüber zu grübeln, nützt wenig
So mancher bleibt allein in seiner letzten Stunde
Bei manchen versammelt sich eine vertraute Runde
Manche holt er im Kollektiv
Dann ging hier auf Erden definitiv etwas schief
Man möchte unsterblich sein, aber wie?
Dass die Menschen dich in guter Erinnerung behalten
Die Jungen wie die Alten
Man hinterlässt eine Firma,
ein Buch, gute Taten für die Ewigkeit
Was hält das Ende für uns bereit?
Es hat noch Zeit
Oder ist es doch bald so weit?

Dieses Gedicht habe ich für einen Mitbewohner meiner Mum im Pflegeheim geschrieben. Er ist auch wie sie seit einem Jahr dort. Er ist 74 und sitzt seit einem Jahr nach einem Herzinfarkt im Rollstuhl. Der Mann ist mega verzweifelt.

Mois, je suis Roland

J'aime ma femme et mes enfants
Je suis disparu de la vie normale
La situation est fatale
Mes jambes sont paralysées
Faire du sport c'est passé
Je suis désespére
Je ne fais qu'éxister porqoui?
Quelle chance ily a por moi?
Je ne vis pas non plus, je suis là – por quelle raison
Je vis dans un hospice mais ne plus à ma maison
Hugo mon fils et Yves, mon frère vont m'aider ca va
Ca marche comme ci comme ca
La famille,
c'est tou ce qu'il me reste adieu ma belle vie
Au revoir Sophie – ma chérie
Je ne peux plus rire
Je dois souffrir
Je dis adieu au monde
Ca ne passé plus ronde

Je ne montre pas mes pleurs
Je sanglote, la tete baisée dans les fleurs
Seigneur, qui vois ma peine?
Qu'est – ce qui se passe la prochaine semaine?
Toujour la meme

Der Abschied

Es ist die Sehnsucht, die uns hält
In dieser Welt
Sie lässt uns alles ertragen
An manchen Tagen
Es könnte auch manchmal wieder schöner werden
Auf dieser Erden
Die Sehnsucht nach Idyll, die treibt uns an
Allem voran
Idyll … was würde es bringen?
Da naht ein Engel auf seinen Schwingen
Er breitet die Flügel aus und trägt mich fort
Wohin eigentlich, an welchen Ort?
Glückliche Tage, schön, dass es sie gab
Auf ewig
Bleibt mir die Erinnerung
An gute Tage … keine Frage
Ich sag Adieu
Auch wenn es tut weh
Vielleicht für einen Augenblick
Schau ich noch mal zurück
Dann geh ich … für immer

HERZ FÜR AUTOREN A HEART FOR AUTHORS À L'ÉCOUTE DES AUTEURS MIA ΚΑΡΔΙΑ ΓΙΑ Σ
ARTA FÖR FÖRFATTARE UN CORAZÓN POR LOS AUTORES YAZARLARIMIZA GÖNÜL VERELIM
RE PER AUTORI ET HJERTE FOR FORFATTERE EEN HART VOOR SCHRIJVERS TEMOS OS A
ÖINKÉRT SERCE DLA AUTORÓW EIN HERZ FÜR AUTOREN A HEART FOR AUTHORS À L'É
AÇÃO ВСЕЙ ДУШОЙ К АВТОРАМ ETT HJÄRTA FÖR FÖRFATTARE Á LA ESCUCHA DE LOS A
EURS MI KAPΔIA ΓΙΑ ΣΥΓΓΡΑΦΕΙΣ UN CUORE PER AUTORI ET HJERTE FOR FORFATTERE E
LARIMI ÖINKÉRT SERCE DLA AUTORÓW EIN HERZ
SCHRI OS A ÃO ВСЕЙ ДУШОЙ К АВТОРАМ ETT HJÄRTA

Die Autorin

Su-Marie v. Kensey wurde vor 59 Jahren in
Frankfurt am Main geboren und wuchs dort auf.
Nach der Schule schlug sie zunächst eine Be-
amtenlaufbahn beim Fernmeldeamt ein. Nach
Beendigung dieser Ausbildung entschied sie sich
für eine Sprachenschule und erhielt dort nach
zwei Jahren als Wirtschaftskorrespondentin,
Dolmetscherin und Übersetzerin ihr Diplom. Das
war das Sprungbrett für einen Start bei einer
deutschen Großbank in verschiedenen inter-
nationalen Abteilungen für insgesamt 35 Jahre.
Unter anderem war sie auch als Kuratorin einer
sozial engagierten Stiftung tätig.
Die Autorin ist seit 1992 verheiratet und seit 2012
im Vorruhestand. Dies war der Beginn einer neuen
Ära, denn die Geschichten, die ihr oder um sie he-
rum passieren, inspirieren sie, sie aufzuschreiben.
So entstand auch ihr erstes Buch, der Gedichtband
„Mein Blick aufs Leben".

Lightning Source UK Ltd.
Milton Keynes UK
UKOW06n0708180117
292299UK00013B/90/P